거미줄에 마음을 걸어두다

거미줄에
마음을 걸어두다

초판 1쇄 인쇄　2025년 06월 16일
초판 1쇄 발행　2025년 06월 30일

　　신고번호　제313-2010-376호
　　등록번호　105-91-58839

　　글 · 사진　김영숙

　　　발행처　보민출판사
　　　발행인　김국환
　　　　기획　김선희
　　　　편집　현경보
　　　디자인　다인디자인

　　　　주소　경기도 파주시 해올로 11, 우미린@ 상가 2동 109호
　　　　전화　070-8615-7449
　　　사이트　www.bominbook.com

　　　ISBN　979-11-6957-356-6　　　　03810

- 가격은 뒤표지에 있으며, 파본은 구입하신 서점에서 교환해드립니다.
- 이 책은 저작권법에 의하여 보호를 받는 저작물이므로 무단 전재와 복사를 금합니다.

거미줄에
마음을 걸어두다

김영숙 시집

드디어 첫 마주침 첫사랑을 만난 것처럼
두근두근 설레인다

추천사

세상에 존재하는 가장 깊은 위로는, 말이 아니라 풍경이다. 그저 바라보는 것만으로 마음이 잠잠해지고, 들려오는 것이 없어도 가슴에 말없이 스며드는 것! 김영숙 시인의 시는 바로 그런 풍경과 닮아있다. 책장을 펼치자, 가장 먼저 마음이 멈춘 것은 사진이었다. 오래된 기와 위에 내려앉은 이끼, 호수 위를 미끄러지는 봄꽃의 그림자, 해가 들기 전 유리창에 피어난 서리꽃! 그리고 그 곁에 조용히 놓인 한 편의 시는, 마치 오래된 풍경 엽서를 받아든 듯한 느낌을 전해준다. 시집 『거미줄에 마음을 걸어두다』는 그렇게 독자의 시선을 머물게 하고 마음을 내려놓게 한다. 시인은 자연이라는 배경 속에서 삶을 들여다보고, 그 삶 속에서 다듬어진 언어를 조용히 건넨다.

이 시집은 자연처럼 오랜 시간 누군가의 어머니로, 아내로, 한 사람의 이름 없이 살아온 존재가 자신을 회복해 나가는 길 위에 놓은 작은 등불과 같다. 시인의 말은 "아들, 딸에게 시집을 낸 어머니를 선물해 주고 싶었다"는 한 문장으로 시작한다. 그 문장은 곧 이 책의 존재 이유가 되고, 시를 넘

기며 만나는 모든 풍경 속에는 어머니로서의 사랑, 인간으로서의 고백이 담겨있다.

"옹이도 한때는 여린 가지였다 / 지금은 세월의 무게를 짊어진 흉터지만 / 성실하게 살아온 삶의 훈장이다." 이처럼 시인의 언어는 삶의 아픔을 외면하지 않는다. 나무가 겪은 고통과 회복을 통해, 시인은 우리에게 말한다. 누구의 삶도 상처 없이 지나올 수는 없지만, 그 상처가 단지 흉이 아닌, 살아온 날들의 훈장일 수 있음을 말이다. 우리는 자주 나무처럼 살아가기를 꿈꾸지만, 바람과 비, 눈과 햇살을 견디는 일이란 그저 바라보는 것만큼 단순하지 않다. 그럼에도 불구하고 나무는 꽃을 피우고, 제자리에 서 있고, 다른 생명을 품는다. 이 시집의 시편들 또한 그러하다. 조용하지만 다정하게 독자에게 다가온다.

또한 시인은 자연에게 말걸기를 멈추지 않는다. "산은 다투지 않는다", "풀은 엄마보다 강하다", "돌덩이와 뿌리는 서로 상처 입지 않기 위해 비스듬히 기울며 살아간다." 이처럼 자연 속 모든 존재는 그 자체로 말이 되고, 시가 되고, 사람의 마음을 닮은 표정이 된다고 시인은 말한다. 즉, 자연은 시인의 마음을 어루만지는 거울이자, 우리가 잊고 지낸 감정의 풍경이다.

어쩌면 이 시집은 긴 편지일지도 모른다. 오래도록 자신을 돌아보지 못했던 이들에게 건네는 한 줄의 안부! 세상의 속도를 잠시 멈추고, 나무 사이로 스며드는 햇살을 바라보게 하는 부드러운 초대장! 그 초대에 응한 독자는 이 시집 안에서 자신을 마주하고, 눈물 한 줄기와 미소 한 조각을 발견하게 될 것이다. 결국 시집 『거미줄에 마음을 걸어두다』는 아주 조용한 목소리로 속삭인다. 그대의 마음에도 아직 따뜻한 결이 남아 있다고. 아직 늦지 않았다고. 마음을 걸어둘 곳이 있다는 것만으로도, 우리는 살아갈 이유가 충분하다고.

2025년 6월
편집위원 **김선희**

시인의 말

아들, 딸에게 시집을 낸 어머니를
선물해 주고 싶었다

그간 밤을 지새운 날이
얼마나 많았던가

그 잠 못 이룬 날들이
결코 헛되지 않았음을
기억해 줬으면……

2025년 6월
시인 **김영숙**

목차

추천사 ⋯ 4
시인의 말 ⋯ 7

제1부 오래된 기와처럼

나무도 때로는 눈물을 흘린다 ⋯ 13
가던 길 멈추고 ⋯ 15
거미줄에 마음을 걸어두다 ⋯ 17
다소니 ⋯ 19
가는 봄을 어찌 막으랴 ⋯ 21
오래된 기와처럼 ⋯ 23
호수에서, 봄 ⋯ 25
산이 나에게 가르쳐 준 것들 ⋯ 27
딱! 붙어 있자 ⋯ 29
힘들 땐 기대도 돼 ⋯ 31
눈물 ⋯ 33
초심 ⋯ 35
민들레와 나 ⋯ 37

제2부 풀은 엄마보다 강하다

같이 있어 가치 있는 … 41
풀은 엄마보다 강하다 … 43
산을 내려오며 … 45
서리꽃 … 47
나무가 전하는 말 … 49
살짝만 걸쳐도 … 51
농담 … 53
벌레에게 (1) … 54
벌레에게 (2) … 55
벌레에게 (3) … 57
진달래밭 대피소에서 … 59
네가 단단하기를 … 61
눈 오는 날, 단테를 만나다 … 62
너와 나 … 65

제3부 언젠가는 숯 골인

고구마꽃, 심원꽃 … 68
나무 같은 사람 … 71
회상 … 73
장벽 … 75
철이 철들었다 … 77
물거품 … 79
나뭇잎 편지 … 81
수묵화 … 83
이럴 줄 알면서 … 85
내 마음 … 87
언젠가는 숯 골인 … 88
늦게 핀 꽃 … 91
남몰래 흐르는 … 92

제1부 오래된 기와처럼

예스러운 멋을 풍기며 오랜 세월에서 묻어나는
넉넉한 마음으로 이끼에게 자리를 내어준다

나무도 때로는 눈물을 흘린다

톱날이 지나간 자리의 통증과
잘려 나간 가지의 그리움으로
눈물이 흐른다

하지만 어쩌겠는가
단단해지려면
꺾이지 않으려면
받아들여야 하는 과정임을

옹이도 한때는 여린 가지였다
지금은 세월의 무게를 짊어진 흉터지만
때가 되면 꽃피우고 열매 맺고
성실하게 살아온 삶의 훈장이다

그대 아는가
나무 사이 쏟아지는 햇볕은
옹이의 눈물과 희생이라는 것을

가던 길 멈추고

모진 추위 견디고
새순으로 만난 친구에게 전해줘요
네가 있어 든든했다고

초록으로 물들어
삶의 무늬가 아름다운 것은
바람과 햇살 덕분이라고 전해줘요

아낌없이 품어준
큰 나무에게도 전해줘요
늘 함께라서 행복했다고

꼭 전해줘요
모두모두 고마웠다고
그리고 많이 그리울 거라고

거미줄에 마음을 걸어두다

나무에 있을 땐 몰랐어요
하늘이 얼마나 넓은지

잎새에 가렸을 땐 몰랐어요
햇살이 얼마나 따사로운지

여물어 떨어지기 전엔 몰랐어요
이렇게 많은 생명이 숨 쉬는지

다소니

비 오는 날
그대 생각에
마음의 둑 무너져
눈물이 방울방울

가는 봄을 어찌 막으랴

사는 게 뭔지
부모님 뵈러 가는 일이
왜 그리도 어려운지
오랜만에
아주 오랜만에
먼 길을 나섰다

깊게 파인 주름살과
왜소해진 몸을 보니
나도 몰래 눈물이 주르륵
서러운 마음에
장독대 끌어안고
흐느껴 울었다

오래된 기와처럼

오래된다는 것
어찌 보면
쓸모없음으로 버려질 수 있는데
기와는 오래될수록
예스러운 멋을 풍기며
오랜 세월에서 묻어나는
넉넉한 마음으로
이끼에게 자리를 내어준다

나는 어떠한가
그냥 몸만 오래된 건 아닌지
쓸모없이 버려지기 전에
마음속에 이끼 하나쯤 품어야겠다

오래된 기와처럼

호수에서, 봄

잔잔한 물결 위로
꽃가루 번지고

흩날리는 꽃향기
코끝에 스미고

봄바람 타고
네가 올까
뒤를 한번 돌아보고

산이 나에게 가르쳐 준 것들

산은 다투지 않는다
큰 나무 작은 나무 탓하지 않고
어우렁더우렁 어깨동무하며
더불어 살아간다

산은 정직하다
한결같은 마음으로 우뚝 서서
묵묵히 사계절을 맞이한다

산은 모든 것을 내어준다
상처받은 영혼과
지친 몸을 따뜻하게 품어준다

딱! 붙어 있자

비 오는 날
쓸어도
쓸어도
쓸리지 않는
낙엽처럼……

힘들 땐 기대도 돼

친구야
힘들 땐 손 내밀어도 돼
따스하게 잡아주는 누군가가
네 옆에 있을 거야

마음이 아플 땐 기대도 돼
포근하게 감싸주는 누군가가
네 옆에 있을 거야

괜찮아
비를 맞고 나면
풀들이 한 뼘씩 자라듯
너의 마음도 알밤처럼 단단해질 거야

저 단단한 벽을 봐
제라늄이 기대는 순간
든든한 지지대인 걸

눈물

마음속 깊은 곳에서
기쁨과
슬픔과
아픔들이 뜨겁게 솟구쳐

보석처럼 빛나는 그것은

뚝

뚝

뚝

내 가슴을 울리는
마음의 메아리

초심

그냥 갈까
돌아 갈까
차라리 멈출까

살아가다 보면
이런 날이
어디 한두 번이랴

그럴 때는
처음에 먹었던 마음
그런 마음으로
다시……

민들레와 나

어릴 적 민들레꽃
예뻤지

젊은 날 민들레꽃
사랑스러웠지

작년에 본 민들레꽃
조금, 무서웠지

제2부 풀은 엄마보다 강하다

도로에 난 풀처럼
강한 생명력을 닮았으면 좋겠다

같이 있어 가치 있는

나무는
돌덩이와 더불어 살기 위해
뿌리를 더 깊이 내리고
온 정성을 다해
조금씩 조금씩
돌덩이를 끌어안았다

돌덩이는
모난 부분에
뿌리가 다칠까 봐
몸을 비스듬히 기울이며
가까이 가까이
나무와 한 몸이 되었다

그렇게
둘은 살아가면서
큰 해답을 얻었다
삶이란
같이 있어
가치 있다는 것을

풀은 엄마보다 강하다

도로에 난
풀처럼
강한 생명력을
닮았으면 좋겠다

내 아들이
젊은 청춘들이

산을 내려오며

한 몸인 듯
껴안은 나무에게서
깨달음을 얻는다

나는 왜 안아주지 못했을까
나는 왜 너그럽지 못했을까

파도처럼 밀려오는
부끄러운 마음을
산에 남겨두고……

내려오는 내내
참았던 눈물은
왜 그리 흐르는지

서리꽃

겨울 아침
유리창에 핀 서리꽃

해가 뜨면
어느 순간 사라지듯

마음 데워
아픈 상처 녹여내리

나무가 전하는 말

나무는 말한다
고요한 숲을 보라고

우리가 쏟아내는 말들이
먼지처럼 떠돌아
어지러운 세상

나무의 뿌리처럼
깊게 묻어 둔
침묵의 힘을 배우라 한다

묵묵히
숲을 이뤄가는
지혜를 얻으라 한다

살짝만 걸쳐도

옆으로 선 나뭇잎
꼿꼿하지 않은가
거미줄에
살짝 걸쳤을 뿐인데

아하, 알 것 같다

뭔가를 이루는 데는
살짝만 거들어 줘도
얼마나 큰 힘이 되는지

농담

주사를 놓는 간호사에게
실없이 한마디 던졌다

"사람 마음은 찌르지 않죠?"

간호사, 수줍게 웃으며

"더 많이 문질러 줍니다"

벌레에게 (1)

구멍이 송송

아름다운 내 모습
이제야 알았네

벌레, 너로 인해
다시 태어났음을

벌레에게 (2)

고맙다
나에게 와줘서
세월이 가고
때가 되어
그냥
땅에 묻히는 줄 알았는데

벌레, 너로 인해
다시
아름다워질 수 있으니

벌레에게 (3)

벌레와 나
같이 있지만
서로
동상이몽

하지만
내 옆에
있어준 것만으로도
얼마나 고마운지

진달래밭 대피소에서

그러니까 그게 언제였더라
2022년 8월
한라산 하늘에
신기한 동물이 나타났지

저마다 생각하고 있는
동물 이야기를 하며
산에 오르니
지친 발걸음이 조금은 가벼웠지

네가 단단하기를

나무를 보고
돌은 생각했다

너도 나처럼 단단하다면
얼마나 좋을까

해마다 나뭇잎 떨어질 때
이별의 아픔이 덜할 테니

눈 오는 날, 단테를 만나다

발이 푹푹 빠지는
눈길을 걷다
순간
멍하니 넋을 놓고
나무에 쌓인 눈을 보니
일주일 전 떠나보낸
단테가 아닌가

세상에
함박눈이 펑펑 내리는 날
'이렇게라도 내 곁에 오고 싶었구나'라는 생각에
또다시
뜨거운 눈물이 가슴을 적신다

나무 위 단테를 보고 또 보고
지난날의 추억에 잠겨
한동안 서성이다
나는 단테의 그늘이라도 되어 주고 싶었다

단테*야, 녹지 마

---
* 키우던 고양이 이름

너와 나

온다
온다
빛이 온다
주변을 물들이며
빛이 온다

거미줄과 함께
환한 미소로
빛이 온다

드디어
빛과 거미줄
음극과 양극이 만나듯
부딪혀 찬란하다

제3부 언젠가는 숯 골인

너도 언젠가는 두려움을 극복하고
더러운 웅덩이 속 빛나는 별빛이 되리라 믿는다

고구마꽃, 심원꽃

저수지 가는 길옆
과수원 안에
고구마꽃이 피었다기에
허둥지둥 나왔다

그도 그럴 것이
춘원 이광수 선생은
100년에 한 번 볼 수 있는
귀한 꽃이라 하지 않았던가

초록잎 사이로
희끗희끗 뭔가 보이긴 한데
아뿔싸, 슬리퍼 차림
발가락 사이 빗물만 한가득

드디어 첫 마주침
첫사랑을 만난 것처럼
두근두근 설레인다

함초롬 물기 가득 머금은 꽃
얼마나 예쁜지
넋을 놓고 바라보다
뉘엿뉘엿 해가 진다

심원꽃
너를 처음 보았을 때도
그랬다

나무 같은 사람

나무를 보면
네가 떠오르고

너를 보면
나무가 생각난다

나무를 닮아서

그래서
나는 네가 좋다

회상

쓰러진 나무뿌리를 보라
새의 모습이 아닌가

뭔가 이루지 못한
나무의 꿈이
있었던 걸까

문득
떠오르는 지난날

날아보지도 못한 채
꺾여버린 나의 꿈
나에게도 그런 아픔이 있다

장벽

넘을 수 있을까
높기만 한 담벼락

허물 수 있을까
서툰 마음의 벽

철이 철들었다

비가 쏟아지더니
철 기둥에 흙먼지 하나둘씩 날아와 붙는다
부드러운 흙은 비와 바람을 타고
조금씩 조금씩 쌓이면서 내 몸을 간질였고
나는 그런 느낌이 좋았다
냉철하고 냉소적인
그저 차갑기만 했던 마음이
파도처럼 일렁인다

어떻게 하면
싹을 틔울 수 있을까
걱정과 두려움이 많았지만
정성을 다해
잉태하듯 몸을 데웠다
기적처럼 풀잎은 자라고
해냈다는 뿌듯함에
감동의 눈물이 스펀지처럼 번져갔다

풀잎을 위하여
몸을 촉촉하게 그러나 녹슬지는 않게

물거품

진실은 스며들고
허울만 남았다

나뭇잎 편지

울긋불긋 색들은
내 마음

사랑스런 잎들은
내 눈빛

그대 있는 어딘가에
단풍 들거든

내 사랑이
물든 거라 여겨다오

수묵화

한낮의 햇살
초록잎에 닿자
먹빛으로 물들었네

이럴 줄 알면서

아무렇지 않은 듯
손 흔들며
매몰차게
너를 보내놓고

돌아오는 길
버스 안에서
쏟아지는 눈물
창밖으로
밀어냈다

내 마음

바람 부는 날

허공 속을 나부끼다
뚝

아,
네가 있는 곳이라면

언젠가는 슛 골인

딸아이가 운다
전화기 너머로
그 슬픔의 깊이가 느껴진다
임용고시 준비가 너무 힘들다고
영어, 수학의 벽이 너무 높다고
1차 시험을 보고 열패감이 든다고
과연 아이들 앞에 설 수 있을지
의문이 든다고
아픔들을 하나씩 하나씩 꺼내 놓는다

대학만 들어가면
한시름 놓을 줄 알았는데
졸업도 하기 전에
큰 웅덩이를 만나
두려워하고 있는
딸아이를 생각하니
가슴이 무너져 내린다

하지만 딸아,
어린 펭귄이 수많은 긴긴밤*을 지나

자신의 별빛을 찾아가는 것처럼
너도 언젠가는
두려움을 극복하고
더러운 웅덩이 속 빛나는 별빛이 되리라 믿는다
그날이 올 때까지 엄마는
아낌없이 보낸다
너에게 힘찬 응원의 박수를

*《긴긴밤》〈루리〉 문학동네

늦게 핀 꽃

좀 늦으면 어떠하리
사랑받지 못하면 어떠하리

한결같이 제갈길 가는 강물처럼
그저
늦으면 늦은 대로
작으면 작은 대로
가면 될 것을

외로워 마라
그마저도 너의 몫이다

남몰래 흐르는

그날
아버지는 지그시 눈을 감고
한동안 말이 없었다
나는 주먹으로 입을 틀어 막으며
흐릿한 눈으로
아버지의 표정을 보니
뭔가 체념한 듯한 빛이 느껴졌다

차라리 집에 가고 싶다고
내 침대에 눕고 싶다고
말이라도 하면 좋으련만
아버지도 알고 있었던 것이다
어머니가 감당 못하리라는 것을

아버지의 얼굴을
단 1초라도 더 보려고
뒷걸음질로 병원문을 나와
맥없이 서 있다가
그래도 못내 아쉬워
유리문으로 살짝 들여다 보니

눈물을 닦고 있었다
거북이 등짝 같은 손으로